Britta Buschmann

77 Sportspiele im Freien

Die Autorin:

Britta Buschmann ist erfahrene Grundschullehrerin und unterrichtet die Fächer Sport, Deutsch, Mathematik und Englisch.

Zugunsten der besseren Lesbarkeit ist in den Texten überwiegend von Lehrern, Schülern usw. die Rede. Selbstverständlich sollten sich auch Lehrerinnen, Schülerinnen usw. angesprochen fühlen.

Gedruckt auf umweltbewusst gefertigtem, chlorfrei gebleichtem und alterungsbeständigem Papier.

2. Auflage 2018

Illustrationen: Melanie Groger
Satz: Satzpunkt Ursula Ewert GmbH

ISBN 978-3-8344-3205-6

www.persen.de

1. Einführung

Sportunterricht findet nicht nur in der Turnhalle statt, sondern auch im Freien (Richtlinien und Lehrpläne für die Grundschule in Nordrhein-Westfalen 2008, Sport). Die Curricularen Vorgaben fordern sogar einen Sportunterricht im Freien, in dem die Schülerinnen und Schüler den Naturraum ihrer Schulumgebung als Bewegungs- und Kulturraum erschließen lernen.

Deshalb sollten Bewegung, Spiel und Sport regelmäßig auch draußen (Schulgelände, Sportplatz, etc.) durchgeführt werden.

Für Kinder, die den Vormittag vorwiegend sitzend im Klassenraum verbringen, sind Bewegungs-, Spiel und Sportangebote draußen eine willkommene Abwechselung.

Dem Schulhof und dem Sportgelände kommt nach den Richtlinien eine besondere Bedeutung zu, da sie viele Gestaltungsmöglichkeiten bieten und den Spiel- und Bewegungsbedürfnissen der Kinder entgegen kommen.

Doch oft wird das Schulgelände und der Naturraum der Schulumgebung nicht effektiv im Sportunterricht genutzt, da viele Lehrkräfte davor zurückschrecken, weil ihnen der Materialaufwand zu groß ist oder sie sich nicht vorstellen können, den Schulraum als Bewegungsraum aktiv zu nutzen.

Bei der Konzeption der hier beschriebenen Spiele wurde darauf geachtet, dass bei der Durchführung, der Vorbereitung und dem Material, welches für die Spiele benötigt wird, der Aufwand möglichst gering bleibt.

Die Spiele orientieren sich an den Inhaltsbereichen des Sportunterrichts, sind aber nicht an sie gebunden. Sie können zur Einbettung in Themenbereiche dienen, zum Anfang einer Sportstunde einstimmen, aber auch durchaus ganze Sportstunden füllen.

Des Weiteren müssen sie nicht ausschließlich an den Sportunterricht gebunden sein, sie können als allgemeine Bewegungszeit, für Bewegungsphasen im gesamten Unterricht angewendet oder in den Unterricht als Bewegungspause oder im Ganztagsbereich eingesetzt werden.

Vielfältige Zielsetzungen wie Körperwahrnehmung, Ausdauerschulung, Raumorientierung und Umwelt- und Materialerfahrung werden berücksichtigt. Laufaufgaben, Such- und Orientierungsspiele, Wettspiele und Biathlon sind Inhalte der Kartei.

Ferner wurde darauf geachtet, dass auch bei einer größeren Gruppe von Kindern alle immer möglichst gleichzeitig am Spielgeschehen beteiligt sind.

Methodisch sinnvoll eingesetzt tragen die Spiele in besonderem Maße dazu bei, sensibel zu werden für andere Mitglieder einer Gruppe, Verantwortungsbewusstsein zu fördern, Kommunikations- und Kooperationsprozesse zu verbessern und somit letztlich vor allem die sozialen Kompetenzen zu steigern. Aus diesem Grund bietet diese Spielekartei aus pädagogischer Sicht gerade für Kinder ein wichtiges Lern-, Erfahrungs- und Handlungsfeld.

Alle hier vorgestellten Spiele werden in Karteiform angeboten, sodass man als Lehrkraft einen schnellen Überblick über das Spiel hat und diese auch gut mit nach draußen nehmen kann.

Auf jeder Karteikarte finden sich zusätzlich unter der Beschreibung des jeweiligen Spieles unter dem Punkt „Weitere Anforderungen“ weitere Zielbereiche des Spiels sowie eine kurze Auflistung des benötigten Materials und für welche Zielgruppe das Spiel geeignet ist.

1.1 Ziele der Spiele

- Es werden verschiedene körperliche und motorische Fähig- und Fertigkeiten abgerufen und es wird den Kindern die Möglichkeit gegeben, nach ihrem individuellen Könnensstand zu agieren.
- Der Materialaufwand für die Lehrkraft ist möglichst gering.
- Alle Spiele bedürfen keiner großen Vorbereitung und sind sofort und jederzeit einsetzbar.
- Alle Spiele sind auf jedem Gelände durchführbar (Schulhof, Pausenhalle, Sportplatz, Wiese, etc.).
- Alle Spiele sind so veränderbar, dass sie schnell an die jeweilige Lerngruppe angepasst werden können.

- Sie sind so angelegt, dass möglichst alle Kinder mit unterschiedlichem Könnensstand gleichzeitig spielen können.

1.2 Bestimmungen über den Sportunterricht im Freien

Der Sportunterricht draußen erfordert eine intensive Vorbereitung durch die unterrichtende Lehrkraft, da sich die Rahmenbedingungen hierfür von denen in der Turnhalle deutlich unterscheiden.

Unterschiede können sein:
- die Unübersichtlichkeit des Geländes;
- die zum Teil erschwerte Kommunikation zwischen Lehrkraft und Schüler durch die Größe des Geländes und eventuelle Geräusche aus der Umwelt;
- z. T. unbekannte Anforderungen, die das Gelände an die Schüler stellt;
- Ablenkungen durch die ungewohnte Umgebung.

Eine besondere Bedeutung kommt deshalb der Aufsichtsführung zu. Hierunter ist das umsichtige und vorausschauende Handeln der Lehrkräfte zu verstehen. Zu den wichtigsten Aufgaben der Lehrkraft gehört es, sich im Vorfeld einer Aktivität Gedanken über mögliche Problembereiche und Gefahrenquellen zu machen. Die speziellen räumlichen, zeitlichen oder verhaltensbedingten Gegebenheiten sind maßgeblich.

1.3 Praktische Tipps zur Durchführung

- **sich Gehör verschaffen**

Gerade auf dem Schulhof fällt es oft schwer sich Gehör zu verschaffen. Damit die Lehrkraft Anweisungen geben kann, muss sie oft mit ihrer Stimme den bestehenden Schallpegel übertönen. Eine Trillerpfeife kann Signale geben. Z. B. einmal pfeifen „Alle mal herhören!", zweimal pfeifen „Alle versammeln sich am vereinbarten Treffpunkt!". Auch das Heben eines Arms könnte Kinder zu einer Handlung bestimmen.

- **Organisation auf dem Schulhof/Sportplatz**

Man sollte zusammen mit den Kindern einen zentralen Treffpunkt vereinbaren, an dem wichtige Dinge besprochen werden können und der allen als Anlaufstelle dient. Dieser Treffpunkt sollte während der gesamten Sportstunde zu jeder Zeit von allen Kindern gesehen werden können und als solcher markiert sein, damit er leicht von allen gesehen werden kann. Z. B. Tischtennisplatte auf dem Schulhof, ein Klettergerüst, ein Baum, ein Fußballtor, etc.

- **Spielfeldbegrenzungen**

Bei größeren Außenbereichen sollten kleinere Spielfeldbereiche mittels Markierungen geschaffen werden, um den Kindern und der Lehrkraft eine bessere Übersicht zu verschaffen.

- **Aufsichtspflicht**

Die Kinder müssen sich zu jeder Zeit beaufsichtigt fühlen. Man muss als Lehrkraft immer alle Kinder im Auge haben (siehe allgemeine Aufsichtspflicht auf dem Schulhof).

- **sich Übersicht verschaffen**

Besonders dann, wenn es sich bei der Lerngruppe nicht um die eigene Klasse handelt, sollte man die aktuelle Größe der Lerngruppe zu Beginn und am Ende der Sportstunde überprüfen. Falls man die Lerngruppe nicht genau kennt, sollte sich die Lehrkraft eine Klassenliste anlegen und diese vorher und am Ende der Stunde durchgehen.

- **Unfall**

Im Falle eines Unfalls sollten sich alle Kinder unverzüglich am Treffpunkt versammeln, sodass eine Aufsichtspflicht gewährleistet ist. Für weitere Maßnahmen gelten die gleichen Bestimmungen wie bei der Aufsichtsführung auf dem Schulhof.

Übersicht über die Spiele

Name des Spiels	Klassenstufe	Ausdauer	Balltechnik	Kooperation	Koordination	Kraft	Orientierung	Reaktion	Schnelligkeit
Fangspiele									
Gefängnisausbruch	Klasse 2–4			x				x	x
Krakenfangen	Klasse 1–4			x				x	x
Das Farbensuchspiel	Klasse 1–4						x	x	x
Oktopussi	Klasse 1–4			x				x	x
Der böse Zauberer	Klasse 1–4			x				x	x
Kaugummifangen	Klasse 1–4			x				x	x
Elefantenfangen	Klasse 1–4			x				x	x
Nimm schnell	Klasse 1–4			x				x	x
Gefängniswärter	Klasse 2–4			x				x	x
Teufelsjagd	Klasse 1–4			x				x	x
James Bond 007	Klasse 3–4	x		x					x
Tarantula	Klasse 1–4	x		x					x
Einfache Sprünge mit dem Seil									
Grundsprung	Klasse 2–4				x	x			
Flamingosprung	Klasse 2–4				x	x			
Wechselsprung	Klasse 2–4				x	x			
Seilchenlauf	Klasse 2–4				x	x			
Froschsprung	Klasse 2–4				x	x			
Sprünge für Fortgeschrittene									
Rückwärtssprung	Klasse 3–4				x	x			
Kreuzsprung für geübte Springer	Klasse 3–4				x	x			
Sprung mit Doppelschwung	Klasse 3–4				x	x			
Doppelsprung	Klasse 3–4				x	x			
Spiele mit dem Seil									
Seilchenklau	Klasse 1–4	x						x	x
Das kreisende Seil	Klasse 1–4	x			x	x		x	x
Wäscheleine	Klasse 1–4	x						x	x
Reiterfangen	Klasse 1–4	x						x	x
Spaghetti	Klasse 1–4				x				
Im Netz der Spinne	Klasse 2–4				x		x		

Name des Spiels	Klassenstufe	Ausdauer	Balltechnik	Kooperation	Koordination	Kraft	Orientierung	Reaktion	Schnelligkeit
Figuren raten	Klasse 1–4								
Seilchenfangen	Klasse 2–4	x			x	x	x	x	x
Feldspiele/Ballspiele									
Ball mit Schwung	Klasse 1–4			x	x		x	x	
Blindball	Klasse 2–4		x	x	x		x	x	
Wer trifft die Schlange?	Klasse 1–4		x	x	x		x	x	
Kegelfußball	Klasse 1–4		x		x		x	x	
Grätschball	Klasse 1–4		x		x		x	x	x
Ultimate-Frisbee	Klasse 3–4			x	x			x	
Korbwächter	Klasse 1–4		x				x		
Volltreffer	Klasse 1–4		x	x			x	x	
Quadrattennis	Klasse 2–4		x		x			x	
Bierdeckelhockey	Klasse 1–4		x	x	x		x		
Grätschtorball	Klasse 1–4		x		x			x	x
Flummiball	Klasse 3–4		x	x	x			x	
Platschball	Klasse 3–4	x	x	x				x	x
10er Fangen	Klasse 3–4			x	x		x	x	
Brennball als Baseballvariante	Klasse 3–4	x	x	x				x	x
Handtuchball	Klasse 1–4			x	x				
Bewegliches Tor	Klasse 1–4	x	x					x	x
Kaiserball	Klasse 1–4		x	x				x	
Spiele zum Gleiten, Fahren									
Schattenfahrer	Klasse 1–4				x	x	x		
Wasserski	Klasse 1–4			x	x	x			
Schlittenfahrt	Klasse 1–4			x	x	x			
Ochs am Berg	Klasse 2–4				x	x			
Jägerrollball	Klasse 2–4		x	x	x	x	x	x	
Formel Eins	Klasse 1–4	x			x	x			x
Umzingelung	Klasse 1–4				x	x	x	x	x
Autofangen	Klasse 1–4				x	x	x	x	x

Name des Spiels	Klassenstufe	Ausdauer	Balltechnik	Kooperation	Koordination	Kraft	Orientierung	Reaktion	Schnelligkeit
Wechselt die Seiten	Klasse 1–4	x			x	x			x
Stop and go	Klasse 1–4				x	x	x	x	
10er Ball	Klasse 2–4		x	x	x	x	x	x	
Atomspiel	Klasse 1–4				x	x	x	x	
Heißer Ball	Klasse 1–4				x	x	x	x	x
Bremstest	Klasse 1–4				x		x	x	
Polizist	Klasse 1–4				x	x	x	x	
Wilde Fahrt	Klasse 1–4				x		x	x	
Geländespiele									
Gefängnis	Klasse 2–4			x				x	x
Geheime Jagd	Klasse 2–4	x					x		x
Tickende Zeitbombe	Klasse 1–4	x		x			x		x
Schatzklau	Klasse 1–4	x							x
Fahnenjagd	Klasse 1–4	x					x		x
Capture the flag	Klasse 2–4	x		x			x	x	x
Bänder sammeln	Klasse 1–4	x		x			x		x
Biathlon	Klasse 1–4	x	x	x					x
Orientierungsläufe									
Die Post ist da	Klasse 1–4	x					x		x
Pyramidenlauf	Klasse 1–4	x							
Mensch ärgere dich nicht	Klasse 1–4	x							
Fotolauf	Klasse 2–4	x		x			x		x
Kartenlauf	Klasse 3–4	x		x			x		x
Teamgeist	Klasse 3–4	x		x					x

Fangspiele

Die hier vorgestellten Fangspiele können der Erwärmung einer Sportstunde dienen, eine Sportstunde auflockern oder zum Ausklang einer Stunde genutzt werden. Alle Spiele sind so gestaltet, dass zu ihrer Durchführung kaum oder sogar kein Material von Nöten ist.
Sie beteiligen alle Kinder gleichzeitig, sodass sie besonders für große Klassen geeignet sind.

Die Fangspiele lassen sich in alle Inhaltsbereiche des Schulsports integrieren und bieten viel Spaß, trainieren konditionelle Fähigkeiten, Schnelligkeit und andere Fertigkeiten, die für viele Sportarten von Nutzen sind.
Da für die einzelnen Spiele oft kein Spielfeld von Nöten ist, lassen sich alle Fangspiele auf jedem Gelände umsetzen.
Die Fangspiele sind ohne Vorbereitung direkt in der Praxis einsetzbar.

Fangspiele

Gefängnisausbruch

1

Es werden zwei Mannschaften gebildet, die einen sind die „Gefängniswärter“, die anderen die „Diebe“. Die „Gefängniswärter“ (der Abstand der Gefängniswärter zueinander sollte mindestens 1,50–2,00 m betragen) nehmen in einem Kreis Aufstellung, die „Diebe“ befinden sich in ihrer Mitte. Die „Gefängniswärter“ dürfen sich hin- und herbewegen, sodass im Kreis auch größere Abstände von 2,00 m entstehen können um ein Ausbrechen zu vereinfachen. Die „Diebe“ versuchen, an den „Gefängniswärtern“ vorbeizukommen, ohne dass sie abgeschlagen werden. Gelingt einem Spieler der Ausbruch, so erhält er einen Punkt.

Material:	keins
Weitere Anforderungen:	Kooperation, Reaktion, Schnelligkeit
Geeignet für:	Klasse 2–4

1 von 77

Krakenfangen 2

Ein Kind aus der Klasse wird zum Kraken. Die restlichen Kinder laufen durch das Meer (Schulhof, Sportplatz). Wer von dem Kraken berührt wird, muss sofort stehen bleiben. Er kann von den übrigen Kindern erlöst werden, indem sich jeweils ein Kind vor und ein anderes Kind hinter ihn stellt. Beide Kinder geben sich die Hand und das gefangene Kind kriecht unter den Armen der Kinder durch und ist somit wieder erlöst.

Material: keins
Weitere Anforderungen: Kooperation, Reaktion, Schnelligkeit
Geeignet für: Klasse 1–4

Das Farbensuchspiel 3

Ein Kind wird zum „Farbenrufer“. Dieser nennt eine Farbe seiner Wahl (zum Beispiel „braun“). Jetzt müssen alle anderen Kinder so schnell wie möglich einen braunen Gegenstand suchen und diesen berühren. Wenn man einen passenden Gegenstand berührt, ist man vor dem „Farbenrufer“ sicher. Während die anderen Kinder auf der Suche nach einem geeigneten Gegenstand sind, können sie vom „Farbenrufer“ gefangen werden. Wer gefangen wurde, tauscht mit dem „Farbenrufer“ die Rolle. Sollte der „Farbenrufer“ kein Kind gefangen haben, ist er so lange an der Reihe, bis er ein Kind erwischt hat.

Material: keins
Weitere Anforderungen: Orientierung, Reaktion, Schnelligkeit
Geeignet für: Klasse 1–4

Oktopussi 4

Ein Kind aus der Klasse wird zum Oktopussi und stellt sich an eine Seite eines Spielfeldes auf. Die restlichen Kinder stehen nebeneinander auf der gegenüberliegenden Seite.

Gruppe: *„Oktopussi, wir haben Hunger."*
Oktopussi: *„Ihr bekommt aber nichts."*
Gruppe: *„Dann holen wir es uns."*

Nun versucht die Gruppe so schnell wie möglich auf die andere Seite zu kommen. Der Oktopussi läuft ihnen entgegen und versucht die Kinder zu fangen. Gefangene Kinder stellen sich auf die Spielfeldmitte und versuchen mittels schwimmender Armbewegungen ebenfalls die anderen Kinder zu fangen. Gewinner des Spiels ist das Kind, welches als letztes übrig bleibt.

Material: keins
Weitere Anforderungen: Kooperation, Reaktion, Schnelligkeit
Geeignet für: Klasse 1–4

Der böse Zauberer 5

Ein Kind wird zum bösen Zauberer. Der böse Zauberer versucht, die anderen Kinder zu fangen. Wer gefangen wurde, versteinert auf der Stelle. Er kann wieder erlöst werden, indem er von den anderen Kindern einmal um die eigene Achse gedreht wird. Wie viele Kinder können vom bösen Zauberer nach Ablauf einer bestimmten Zeit gefangen werden?

Hinweis: Die Rolle des bösen Zauberers sollte von einem leistungsstarken Kind übernommen werden.

Material: keins
Weitere Anforderungen: Kooperation, Reaktion, Schnelligkeit
Geeignet für: Klasse 1–4

Kaugummifangen 6

Zwei Kinder der Klasse fassen sich an den Händen und sind von nun an ein Kaugummi. Das Kaugummi versucht nun die anderen Kinder zu fangen. Wer vom Kaugummi berührt wurde, klebt von nun an daran fest und muss die andern Kinder mit fangen. Das Spiel ist zu Ende, wenn nur noch ein Kind übrig ist.

Material: keins
Weitere Anforderungen: Kooperation, Kraft, Reaktion, Schnelligkeit
Geeignet für: Klasse 1–4

Elefantenfangen 7

Zwei Kinder (Elefanten) beginnen die anderen Kinder zu fangen. Dabei müssen sie sich jeweils mit einer Hand die eigene Nase festhalten und mit der zweiten Hand durch das entstandene Loch mit der anderen Hand greifen. Mit dieser Hand (dem Rüssel) wird nun gefangen. Jeder Gefangene wird ebenfalls zum Elefanten und fängt mit. Das Spiel ist zu Ende, wenn nur noch ein Kind übrig ist.

Material: keins
Weitere Anforderungen: Kooperation, Reaktion, Schnelligkeit
Geeignet für: Klasse 1–4

Nimm schnell

8

Ein Kind wird als Fänger bestimmt. Der Fänger darf immer nur das Kind fangen, das einen Gegenstand (Staffelholz oder Ähnliches) in der Hand hält. Dieser Gegenstand wird aber immer schnell von Kind zu Kind weitergegeben.

Material: Staffelholz oder Ähnliches
Weitere Anforderungen: Kooperation, Reaktion, Schnelligkeit
Geeignet für: Klasse 1–4

8 von 77

Gefängniswärter

9

Zwei Mannschaften werden gebildet. Eine Mannschaft wird zu den „Gefängniswärtern", die andere zu den „Flüchtlingen". Die „Gefängniswärter" positionieren sich um das Gefängnis. Das Gefängnis ist eine mit Hütchen markierte Fläche von ca. 15×15 m (die Größe der Fläche kann von der Klassenstärke abhängig verändert werden). Die „Flüchtlinge" verteilen sich im Feld (Gefängnis), in dem sie sich frei bewegen dürfen. Die „Flüchtlinge" versuchen aus dem Gefängnis auszubrechen. Sobald sie das Gefängnis verlassen haben, können sie von den Wärtern gefangen werden. Wer abgeschlagen wurde, muss sofort wieder ins Gefängnis zurück. Nach Ablauf einer vorher festgelegten Zeit (z. B. 5 Minuten) werden die Rollen getauscht und die noch im Feld verbleibenden „Flüchtlinge" gezählt. Die Gefängniswärter-Mannschaft, die am Ende die meisten „Flüchtlinge" im Gefängnis hat, hat das Spiel gewonnen.

Material: Hütchen
Weitere Anforderungen: Kooperation, Reaktion, Schnelligkeit
Geeignet für: Klasse 2–4

9 von 77

Teufelsjagd

10

Ein Kind wird als Fänger bestimmt, welches sich ein Parteiband als Teufelsschwanz halb heraushängend in die Hose steckt. Wer vom Teufel gefangen wurde, bleibt wie versteinert stehen, kann sich aber erlösen, indem es den vorbeilaufenden Teufel berührt. Die übrigen Kinder versuchen den Teufel zu entmachten, indem sie ihm das Schwänzchen zu rauben versuchen. Das Kind, welches das Parteiband ergattern konnte, wird zum neuen Teufel. Das Ende des Spiels kann nach Ablauf einer bestimmten Zeit festgelegt werden.

Material: 1 Parteiband
Weitere Anforderungen: Kooperation, Reaktion, Schnelligkeit
Geeignet für: Klasse 1–4

James Bond 007

11

Zwei Kinder werden zu Polizisten. Die übrigen Kinder sind die Agenten. Die Agenten haben zwei kleine Bälle, die sie in der Hand verstecken. Diese Bälle werden weitergegeben, geworfen oder behalten, je nachdem wo sich gerade die Polizisten aufhalten. Wer von der Polizei gefangen wurde, muss solange stehen bleiben, bis ein anderer Agent ihn mit Handschlag erlöst. Wenn ein Agent in Ballbesitz von der Polizei gefangen wurde, ist das Spiel zu Ende.

Material: 2 kleine Bälle
Weitere Anforderungen: Ausdauer, Kooperation, Schnelligkeit
Geeignet für: Klasse 3–4

Tarantula 12

Drei Schüler umfassen (jeder mit einer Hand) gemeinsam einen Ring, der nicht losgelassen werden darf, und bilden somit die „Tarantula“. Jeder dieser Schüler versucht nun andere Spieler abzuschlagen. Wer Erfolg hat, darf sich auswechseln lassen. Der Abgeschlagene wird nun zum neuen „Tarantelteil“, sodass die Tarantel aus immer drei wechselnden Kindern besteht.

Variante: Es kann auch mit mehreren Taranteln gespielt werden.

Material: 1 Ring
Weitere Anforderungen: Ausdauer, Kooperation, Schnelligkeit
Geeignet für: Klasse 1–4

Spiele mit dem Seil

Bevor man die Spiele mit dem Seil durchführt, sollten die Kinder schon mal Seil gesprungen sein bzw. ihnen sollte das Springseil als Sportgerät vertraut sein, da sonst der Frustrationsfaktor sehr hoch sein könnte. Wichtig wie auch bei jedem anderen Spiel ist, dass die Kinder sich zu Beginn immer mit dem Seil einspringen und aufwärmen, damit es nicht zu Verletzungen kommt. Die hier vorgestellten Sprungarten können von den Kindern, nachdem sie ihnen bekannt sind und sie sich damit vertraut gemacht haben, auch zum freien Spiel auf dem Schulhof oder Sportplatz genutzt werden. Sie können sowohl alleine als auch als Partnersprünge durchgeführt werden.

Die Sprünge sind in Karteikartenform beschrieben, so können die Kinder sie auf dem Schulhof an verschiedenen Stationen ausprobieren.

Hier einige hilfreiche Tipps zur Einführung des Springens mit dem Springseil:

- Die Arme sind immer leicht angewinkelt, sodass sich die Hände ungefähr auf Hüfthöhe befinden.
- Das Seilchen sollte den Boden leicht berühren.
- Das Seil darf nicht öfter als einmal um die Hand gewickelt sein.
- Beim Springen sollte nur der Fußballen Bodenkontakt haben. Die Beine bleiben nahezu gestreckt.

Einfache Sprünge mit dem Seil

Grundsprung 1

Das Seil wird an beiden Enden gehalten und liegt hinter den Füßen auf dem Boden. Beim Schwungholen schwingt das Seil von hinten über den Kopf nach vorne, während man mit beiden Füßen darüber springt. Das Seil wird immer locker aus den Handgelenken geschwungen.

Material: 1 Seil pro Kind
Weitere Anforderungen: Koordination, Kraft
Geeignet für: Klasse 2–4

13 von 77

Flamingosprung

2

Schüler hüpfen nur auf einem Bein wie ein Flamingo über das Seil.

Material: 1 Seil pro Kind
Weitere Anforderung: Koordination, Kraft
Geeignet für: Klasse 2–4

Wechselsprung

3

Schüler springen abwechselnd mal auf dem linken, mal auf dem rechten Bein über das Seil.

Material: 1 Seil pro Kind
Weitere Anforderungen: Koordination, Kraft
Geeignet für: Klasse 2–4

Britta Buschmann: 77 Sportspiele im Freien
© Persen Verlag – AAP Lehrerfachverlage GmbH, Buxtehude

Seilchenlauf

4

Schüler laufen mit dem Seilchen vorwärts und springen während des Laufens über das Seil.

Material: 1 Seil pro Kind
Weitere Anforderungen: Koordination, Kraft
Geeignet für: Klasse 2–4

Froschsprung

5

Schüler hüpfen wie beim Grundsprung und versuchen noch einen kleinen Zwischenhüpfer einzubauen.

Material: 1 Seil pro Kind
Weitere Anforderungen: Koordination, Kraft
Geeignet für: Klasse 2–4

Sprünge für Fortgeschrittene

Rückwärtssprung 1

Schüler springen den Grundsprung, aber rückwärts. Dafür liegt das Seil zu Beginn vor ihren Füßen. Sie schwingen es rückwärts über ihren Kopf und springen darüber.

Material: 1 Seil pro Kind
Weitere Anforderungen: Koordination, Kraft
Geeignet für: Klasse 3–4

Britta Buschmann: 77 Sportspiele im Freien
© Persen Verlag – AAP Lehrerfachverlage GmbH, Buxtehude

Kreuzsprung für geübte Springer

2

Die Schüler müssen die Arme kreuzen, sobald sich das Seil über ihrem Kopf befindet und anschließend mit gekreuzten Armen über das Seil springen. Hierbei ist es besonders wichtig, dass das Seil aus den Handgelenken geschwungen wird.

Material:	1 Seil pro Kind
Weitere Anforderungen:	Koordination, Kraft
Geeignet für:	Klasse 3–4

Sprung mit Doppelschwung

3

Schüler müssen bei diesem Sprung das Seil so schnell schwingen, dass es bei nur einem Sprung zweimal über sie dreht.

Material:	1 Seil pro Kind
Weitere Anforderungen:	Koordination, Kraft
Geeignet für:	Klasse 3–4

Doppelsprung

4

Schüler suchen sich einen Partner und stellen sich ganz dicht hintereinander. Der Hintermann schwingt das Seil.

Tipp: Schüler: Achtet auf das Tempo eures Partners, dann geht es leichter.

Material:	1 Seil pro Paar
Weitere Anforderungen:	Koordination, Kraft
Geeignet für:	Klasse 3–4

Spiele mit dem Seil

Britta Buschmann: 77 Sportspiele im Freien
© Persen Verlag – AAP Lehrerfachverlage GmbH, Buxtehude

Seilchenklau

1

Jedes Kind erhält ein Seil, welches es sich in den Hosenbund steckt, sodass etwa die Hälfte des Seils auf dem Boden aufliegt. Jeder versucht jedem das Seil zu klauen, indem er mit dem Fuß auf das Ende des Seils tritt.
Gewinner ist entweder das Kind, welches bis zum Schluss sein Seil im Hosenbund hat, oder welches Kind am Ende die meisten Seile ergattern konnte.

Material:	1 Seil pro Kind
Weitere Anforderungen:	Ausdauer, Reaktion, Schnelligkeit
Geeignet für:	Klasse 1–4

Das kreisende Seil

2

Alle Kinder bilden einen Kreis. Ein Kind wird bestimmt, das sich in den Kreis stellt. Es erhält die Aufgabe, ein Seil zu drehen, an dessen Ende ein Säckchen befestigt ist. Die Kinder, die im Kreis stehen, versuchen über das Seil zu springen, ohne daran hängen zu bleiben. Wer hängen bleibt, übernimmt die Aufgabe des Drehers.

Material:	1 Seil, an dessen Ende ein Säckchen befestigt ist
Weitere Anforderungen:	Ausdauer, Koordination, Kraft, Reaktion, Schnelligkeit
Geeignet für:	Klasse 1–4

Wäscheleine

3

Es wird ein Spielfeld mit Hütchen markiert (ca. 15×15m) und vier Teams gebildet. An den Eckhütchen stehen jeweils zwei Kinder einer Mannschaft und bilden eine Wäscheleine, indem sie sich mit ausgestreckten Armen an den Händen fassen. Die übrigen Teammitglieder nehmen neben der Wäscheleine Aufstellung. Alle Springseile (Anzahl entspricht der Anzahl der Kinder in der Klasse) liegen in der Mitte des markierten Feldes. Auf Kommando der Lehrkraft rennt ein Kind jedes Teams in die Spielfeldmitte und holt sich ein Seil und bringt dieses so schnell es kann zur Wäscheleine, um es dort aufzuhängen. Wie das Seil an der Wäscheleine befestigt wird, liegt ganz im Ermessen der Kinder (z. B. kann es über die Arme, die Schultern oder den Kopf der Wäscheleinekinder gehängt werden). Wurde das Seil befestigt, rennt das nächste Kind los. Das Team, welches am Ende die meisten Seilchen an der Leine hängen hat, hat gewonnen.

Material: 1 Seil pro Kind, 4 Hütchen
Weitere Anforderungen: Ausdauer, Reaktion, Schnelligkeit
Geeignet für: Klasse 1–4

Reiterfangen

4

Es wird ein Spielfeld (Viereck) mit Hütchen markiert, die Größe richtet sich nach der Größe der Klasse. An einer Ecke liegen Seilchen auf dem Boden (halb so viele wie es Kinder in der Klasse gibt). Anschließend werden zwei oder vier Reiterfänger bestimmt (je nach Klassengröße). Die übrigen Kinder sind die wilden Pferde. Die Reiterfänger gehen jeweils zu zweit zusammen, ein Kind bindet sich ein Seil um den Bauch und bildet das Pferd, der Partner hält das Seil als Zügel. Die Reiterfänger haben die Aufgabe, die wilden Pferde zu fangen. Wer gefangen wurde, begibt sich in die Ecke, wo die Seile liegen und wartet, bis sich dort ein weiteres Kind einfindet, um mit ihm zusammen einen neuen Reiterfänger zu bilden, der ebenfalls mitfängt.
Wer schafft es bis zum Schluss übrig zu bleiben?

Material: Hütchen, 1 Seil für zwei Kinder
Weitere Anforderungen: Ausdauer, Reaktion, Schnelligkeit
Geeignet für: Klasse 1–4

Spaghetti

5

Die Kinder gehen in kleinen Gruppen zusammen. Alle halten ihr Seil über dem Boden. Auf ein gemeinsames Zeichen hin lassen alle ihre Seile auf den Boden fallen. Wer findet seine Spaghetti aus dem Haufen wieder? Das Spiel ist zu Ende, wenn alle Kinder ihr Seil wiedergefunden haben.

Material: 1 Seil pro Kind
Weitere Anforderungen: Koordination
Geeignet für: Klasse 1–4

Im Netz der Spinne

6

Alle Kinder bis auf vier bilden einen großen Kreis. Die Kinder, die sich im Kreis gegenüber stehen teilen sich ein Seil und halten es jeweils am Ende fest. Die vier übrig gebliebenen Kinder haben nun die Aufgabe nach eigenem Ermessen über und unter die gespannten Spinnenweben zu steigen bzw. zu kriechen, ohne dabei die Seile zu berühren. Wer schafft es am schnellsten von seinem Startpunkt (ein Kind aus dem Kreis) auf die andere Seite (gegenüberstehendes Kind im Kreis) zu gelangen? Anschließend können neue Kinder bestimmt werden.

Material: 1 Seil pro Paar
Weitere Anforderungen: Koordination, Orientierung
Geeignet für: Klasse 2–4

Figuren raten

7

Die Kinder gehen paarweise zusammen. Ein Kind legt mit dem Seil eine Figur und der Partner hat die Aufgabe die Figur mit geschlossenen Augen zu ertasten und zu erraten.

Material: 1 Seil pro Paar
Weitere Anforderungen: keine
Geeignet für: Klasse 1–4

Seilchenfangen

8

Jedes Kind hat ein Seil. Alle laufen in einem begrenzten Raum mit ihrem Seil im Laufsprung herum. Es werden drei Fänger bestimmt. Wer gefangen wurde, hilft den Fängern die anderen zu fangen. Wer bleibt bis zum Schluss übrig?

Material: 1 Seil pro Kind
Weitere Anforderungen: Ausdauer, Koordination, Kraft, Orientierung, Reaktion, Schnelligkeit
Geeignet für: Klasse 2–4

Feldspiele/Ballspiele

Ballspiele sind im Schulsport nicht wegzudenken, da sie auf eine lange Tradition zurückblicken können. Sie sind in den Lehrplänen und Richtlinien fest verankert und sollen grundlegende Spielfertigkeiten vermitteln, die es allen Kindern ermöglichen soll, Freude am Spielen zu gewinnen und erste Regelstrukturen sowie das Faire Spielen kennenzulernen.
Dabei liegt der Schwerpunkt in der Vermittlung von Spielfreude und dem Vermitteln motorischer Fertigkeiten.

Feldspiele/Ballspiele

Ball mit Schwung 1

Es werden zwei Teams gebildet, die sich in einem Spielfeld (ca. 15×15m) gegenüber stehen. Jedes Team erhält ein Bettlaken, das von jedem Mitspieler an einem Zipfel festgehalten wird. Auf ein Bettlaken wird nun ein Ball gelegt. Die erste Mannschaft versucht nun den Ball auf die gegenüberliegende Seite zu werfen, die Aufgabe der anderen Mannschaft ist es, den Ball mit dem Bettlaken aufzufangen und ihn dann wieder zurückzuschleudern. Wer den Ball auf den Boden fallen lässt, erhält einen Minuspunkt. Die Mannschaft mit den wenigsten Minuspunkten hat gewonnen.

Material: 1 Bettlaken pro Team, 1 Ball
Weitere Anforderungen: Kooperation, Koordination, Orientierung, Reaktion
Geeignet für: Klasse 1–4

Blindball

2

Ein Seil wird zwischen zwei Bäumen oder zwei anderen Befestigungsmöglichkeiten gespannt. Über das gespannte Seil wird ein Bettlaken gehängt. Auf jeder Seite des Seils wird nun ein Spielfeld von 6 mal 6 Metern markiert. Dann werden zwei Teams gebildet. Ein Kind beginnt, indem es einen Ball ins gegnerische Feld wirft. Sollte der Ball den Boden berühren, erhält die Werfermannschaft einen Punkt. Das gegnerische Team versucht den Ball zu fangen und ihn wieder ins gegnerische Feld zu werfen, um einen Punkt zu erzielen. Der Ball muss nicht sofort wieder über das Seil geworfen werden, sondern kann auch zu einem anderen Spieler geworfen werden.

Material:	1 Seil, 1 Bettlaken, Hütchen oder Kreide als Markierungshilfe, 1 Ball
Weitere Anforderungen:	Balltechnik, Kooperation, Koordination, Orientierung, Reaktion
Geeignet für:	Klasse 2–4

Wer trifft die Schlange?

3

6 Kinder der Klasse bilden eine Schlange, indem sie sich hintereinander aufstellen und jeder dem Vordermann die Hände auf die Schultern legt. Alle übrigen Kinder bilden einen Kreis, der sich um die Schlange stellt. Ziel der Kinder im Kreis ist es, die Schlange an ihrem Ende mit einem Ball zu treffen. Wer es geschafft hat, die Schlange zu treffen, bildet nun den neuen Schlangenkopf. Das abgeworfene Kind wechselt dann zur Position im Kreis. Kopftreffer zählen nicht!

Material:	1 Ball
Weitere Anforderungen:	Balltechnik, Kooperation, Koordination, Orientierung, Reaktion
Geeignet für:	Klasse 1–4

Kegelfußball 4

Jedes Kind erhält einen Kegel. Mit diesem Kegel darf es sich irgendwo auf dem Spielfeld (10×10 m) platzieren. Aufgabe ist es den eigenen Kegel zu bewachen (der Kegel darf mit Händen und Füßen beschützt werden) und gleichzeitig die Kegel der anderen Kinder mithilfe eines Balls umzuschießen. Der eigene Kegel darf beschützt, jedoch nicht angefasst werden. Wessen Kegel umfällt, muss ihn sich schnappen und eine große Runde um das Spielfeld laufen. Anschließend darf man sich wieder mit seinem Kegel einen neuen Platz suchen.

Material: 1 Kegel pro Kind, 1 Ball
Weitere Anforderungen: Balltechnik, Koordination, Orientierung, Reaktion
Geeignet für: Klasse 1–4

Grätschball 5

Das Spiel sollte vor einer Mauer gespielt werden. Es sollten mehrere Gruppen gebildet werden. Die Kinder einer Gruppe nehmen hintereinander Aufstellung. Das erste Kind wirft den Ball gegen die Wand, lässt ihn einmal auf dem Boden aufprellen und versucht mit gegrätschten Beinen über den Ball zu hüpfen, anschließend rennt er ans Ende der Reihe. Dann ist das nächste Kind an der Reihe. Die Gruppe, die zuerst einmal durch ist, hat gewonnen.

Material: 1 Ball
Weitere Anforderungen: Balltechnik, Koordination, Orientierung, Reaktion, Schnelligkeit
Geeignet für: Klasse 1–4

Ultimate-Frisbee

6

Es werden zwei Teams gebildet. Mit Hütchen wird ein Spielfeld von ca. 20×20 m abgesteckt (Größe kann nach Lerngruppe variieren). Am Ende des Spielfeldes werden zwei Linien mit Kreide gezogen, die die sogenannte Endzone (1 Meter breit) bilden. Die beiden Teams versuchen durch geschicktes Zuspielen die Frisbeescheibe in die Endzone des Gegners zu bringen, dabei darf die Frisbeescheibe jedoch nur geworfen werden. Mit der Scheibe in der Hand darf nicht gelaufen werden. Landet die Scheibe auf dem Boden, so geht sie an den Gegner.

Material: Hütchen als Spielfeldmarkierung, Kreide, 1 Frisbeescheibe
Weitere Anforderungen: Kooperation, Koordination, Reaktion
Geeignet für: Klasse 3–4

35 von 77

Korbwächter

7

Ein Kind wird zum Korbwächter. Alle übrigen Kinder erhalten jeweils 4 Tennisbälle. Die Aufgabe des Korbwächters ist es einen Korb zu bewachen (Mülleimer, um den ein Kreis von 6 Schritten Durchmesser herum gemalt wird). Auf ein Signal der Lehrkraft hin versuchen alle Kinder ihre Bälle in den Korb zu werfen, dabei dürfen sie die Kreislinie jedoch nicht berühren. Die Aufgabe des Korbwächters ist es, den Korb wieder von den Bällen zu befreien und die Bälle außerhalb des Kreises zu werfen. Nach einer gewissen Zeit werden die Bälle im Korb gezählt und der Korbwächter durch einen neuen ersetzt. Wer schafft es, die wenigsten Bälle im Korb zu behalten?

Material: 4 Tennisbälle pro Kind, Kreide, Mülleimer
Weitere Anforderungen: Balltechnik, Orientierung
Geeignet für: Klasse 1–4

Britta Buschmann: 77 Sportspiele im Freien
© Persen Verlag – AAP Lehrerfachverlage GmbH, Buxtehude

36 von 77

Volltreffer

8

Es werden zwei Teams gebildet. Gespielt wird auf einem Fußballfeld oder einem mit Hütchen markierten Spielfeld (Größe ist individuell zu wählen). In dem Feld werden beliebig viele Hütchen verteilt, jedoch gleich viele für jedes Team. Dabei sollten (falls zur Verfügung) zwei verschiedene Hütchenfarben gewählt werden, andernfalls sollten die Hütchen mit zwei verschiedenen Parteibändern gekennzeichnet werden.
Die beiden Teams versuchen die Hütchen der anderen Gruppe umzuschießen. Welches Team hat zuerst alle Hütchen der anderen Mannschaft umgeschossen?

Bemerkung: Je größer die Klassenstärke desto mehr Bälle sollten ins Spiel gebracht werden, damit möglichst viele Kinder am Spiel beteiligt sind.

Material:	Hütchen als Markierungshilfe, Hütchen für jedes Team in 2 verschiedenen Hütchenfarben, 1 oder mehrere Bälle, Parteibänder in Gruppenstärke
Weitere Anforderungen:	Balltechnik, Kooperation, Orientierung, Reaktion
Geeignet für:	Klasse 1–4

Quadrattennis

9

Die Kinder gehen paarweise zusammen und nehmen sich einen Ball. Es wird ein Quadrat von ca. 2–3 Schritten Durchmesser auf den Boden gezeichnet. Die Kinder stehen sich außerhalb des Quadrates gegenüber. Ein Kind beginnt und prellt den Ball mit der flachen Hand so in das Quadrat, dass er zu seinem Partner gegenüber springt. Der Partner versucht nun den Ball gleich wieder zurück zu prellen. Schafft er dies nicht, erhält er einen Minuspunkt. Der Spieler mit den meisten Minuspunkten hat verloren.
Das Spiel kann auch nach vereinfachten Tennisregeln gespielt werden.

Material:	1 Ball pro Paar
Weitere Anforderungen:	Balltechnik, Koordination, Reaktion
Geeignet für:	Klasse 2–4

Bierdeckelhockey

10

Es werden zwei Teams gebildet. Sollte die Klasse zu groß sein, können auch mehrere Teams gebildet werden, die dann auf unterschiedlichen Spielfeldern gegeneinander spielen. Mittels Hütchen markiert man ein Spielfeld (15×15m). Die beiden Längsseiten des Spielfeldes bilden das jeweilige Tor jeder Mannschaft. Jedes Kind erhält einen Bierdeckel (sollten keine Bierdeckel vorhanden sein bieten sich selbstverständlich auch alternative Gegenstände wie z. B. Ringe an). Gespielt wird mit einem Tennisball. Die Kinder versuchen sich mit den Bierdeckeln den Tennisball zuzuspielen und ein Tor zu erzielen. Es kann nach vereinfachten Fußballregeln gespielt werden. Wer erzielt die meisten Tore?
Es kann mit einem Torwart oder ohne gespielt werden.

Material: Hütchen als Markierungshilfe, 1 Bierdeckel pro Kind, 1 Tennisball
Weitere Anforderungen: Balltechnik, Kooperation, Koordination, Orientierung
Geeignet für: Klasse 1–4

Grätschtorball

11

Die Kinder stehen in Kreisaufstellung mit gegrätschten Beinen. Ein oder mehrere Spieler im Kreis versuchen, den Ball durch ein Beintor (jedes Kind im Kreis bildet ein Tor, indem es seine Beine grätscht) zu schießen. Diese wehren den Ball durch Sprung in den Schlussstand oder mit den Händen ab. Wer ein Tor geschossen hat, wechselt mit dem Spieler die Position, durch dessen Beine er geschossen hat.

Material: 1 Ball
Weitere Anforderungen: Balltechnik, Kooperation, Koordination, Reaktion
Geeignet für: Klasse 1–4

Flummiball 12

Zwei Mannschaften versuchen einen Flummiball gegen das gegnerische Basketballbrett (falls keines zur Verfügung steht, kann auch eine Wand genommen werden) zu werfen. Man erzielt jedoch nur einen Punkt, wenn der Ball zuvor den Boden berührt hat und dann gegen das Brett trifft. Wer den Ball gefangen hat, darf mit dem Ball nicht laufen, sondern muss ihn einem anderen Mitspieler der eigenen Mannschaft zuwerfen. Das gegnerische Team kann versuchen den Ball abzufangen. Das Spiel gilt nach dem Erreichen einer bestimmten Punktzahl oder nach Ablauf einer vorher festgelegten Zeit als gewonnen.

Material: Flummiball
Weitere Anforderungen: Balltechnik, Koordination, Kooperation, Reaktion
Klasse: Klasse 3–4

Platschball 13

Zwei Mannschaften spielen gegeneinander. Aufstellung wie beim Brennball. Eine Gruppe befindet sich im Feld, die andere an der Grundlinie. Ein Spieler der Mannschaft außerhalb des Feldes wirft den Ball ins Feld. Die ganze Mannschaft läuft daraufhin um das Feld herum. Die Mannschaft im Feld versucht den Ball zu fangen. Hat ein Spieler den Ball gefangen, so stellt er sich schnell mit gegrätschten Beinen auf. Die gesamte Mannschaft im Feld läuft zu dem Spieler und stellt sich ebenfalls mit gegrätschten Beinen in einer Reihe hinter ihm auf. Der vordere Spieler rollt nun den Ball durch die gegrätschten Beine bis zum letzten Spieler. Dieser nimmt den Ball auf, läuft zur Grundlinie und legt ihn dort mit einem lauten Ruf „Platsch“ ab.
Für jeden Spieler der „Außen-Mannschaft“, der es geschafft hat, das Spielfeld zu umrunden, bevor der Platsch-Ruf ertönt, gibt es einen Punkt. Die Mannschaften können entweder nach jeder Runde oder aber nach einer bestimmten Anzahl von Runden gewechselt werden.
Hinweis:
Bei dieser Variante des Brennballspiels, sind alle Spieler in Bewegung.

Material: Markierungshütchen, Volleyball oder Softball
Weitere Anforderungen: Ausdauer, Balltechnik, Kooperation, Reaktion, Schnelligkeit
Klasse: Klasse 3–4

10er Fangen 14

Es werden zwei Teams gebildet (in größeren Klassen bieten sich auch mehrere Teams an). Die Teams versuchen sich die Frisbeescheibe zehnmal zuzuspielen, ohne dass sie auf dem Boden landet oder der Gegner sie ergattern kann. Haben sie dies geschafft, erhalten sie einen Punkt. Fällt die Scheibe zu Boden oder wird sie nicht gefangen, erhält das gegnerische Team die Scheibe. Die Frisbeescheibe darf auch aus der Luft von der gegnerischen Mannschaft abgefangen werden.

Material: 1 Frisbeescheibe
Weitere Anforderungen: Kooperation, Koordination, Orientierung, Reaktion
Geeignet für: Klasse 3–4

Brennball als Baseballvariante 15

Es werden zwei Teams gebildet: die Läufer und die Fänger. Gespielt wird auf einem Feld (ca. 30×30 m). Man benötigt einen Tennisball und ein Schlagholz (Holzgymnastikkeule oder ähnliches). Das Spielfeld wird mit Hütchen begrenzt, das Brennmal liegt in der Mitte des Feldes (Gymnastikreifen oder gezeichneter Kreidekreis). Zu Beginn stehen die Fänger im Feld, die Läufer stehen am Ausgangshütchen. Der Läufer versucht, den Tennisball mit der Keule soweit wie möglich in das Feld zu schlagen. Dann läuft der Läufer so schnell er kann von Hütchen (Mal zu Mal) zu Hütchen. Die Fänger versuchen den Tennisball durch schnelles Zuspiel zum Brennmal zu bringen und ihn im Kreis einmal aufzutitschen.
Befindet sich der Läufer zwischen zwei Hütchen, so ist er verbrannt und muss zum Ausgangspunkt zurück. Bleibt er an einem Hütchen stehen, so ist er im Spiel und darf weiter rennen, sobald der nächste Läufer seinen Ball ins Spiel gebracht hat. Erreicht der Läufer eine Runde, so erhält er einen Punkt für sein Team, schafft er es eine Runde ohne Pause durchzulaufen, so erhält er ein „Home Run“ und drei Punkte für seine Mannschaft.
Das Spiel wird auf Zeit gespielt, nach Ablauf einer vorher festgelegten Zeitspanne wechseln die Mannschaften ihre Rollen. Das Team, das die meisten Punkte ergattern konnte, hat gewonnen.

Material: Markierungshütchen, Tennisball, Holzgymnastikeule, Gymnastikreifen
Weitere Anforderungen: Ausdauer, Balltechnik, Kooperation, Reaktion, Schnelligkeit
Klasse: Klasse 3–4

Handtuchball

16

Immer zwei Kinder bilden ein Team. Jedes Team erhält ein Handtuch, dessen Enden jedes Kind in der Hand hält. Die Paare dürfen sich mit ihrem Handtuch frei bewegen. Ein oder mehrere Bälle werden nun von Pärchen zu Pärchen geworfen und mit dem Handtuch gefangen. Welches Paar schafft es, dass sein Ball kein Mal den Boden berührt?

Material: 1 Handtuch pro Team, 1 oder mehrere Bälle
Weitere Anforderungen: Kooperation, Koordination
Geeignet für: Klasse 1–4

45 von 77

Bewegliches Tor

17

Das Spiel kann auf dem Fußballplatz gespielt werden, ansonsten bietet es sich an ein Spielfeld mit Hütchen zu markieren. Dabei ist die Größe des Feldes individuell zu wählen. Es werden zwei Teams gebildet. Jedes Team bildet ein bewegliches Tor aus zwei Kindern, die eine Stange halten. Damit kein Verletzungsrisiko besteht, sollten die Stangen aus Plastik sein und die Kinder, die das bewegliche Tor bilden, sollten diese am Ende halten. Die Torträger können jederzeit ausgewechselt werden.
Ziel des Spiels ist es den Ball durch das gegnerische Tor zu schießen. Es kann auf Zeit gespielt werden oder das Team, welches zuerst ein Tor geschossen hat, gewinnt. Gespielt wird nach vereinfachten Fußballregeln. Einen Torwart gibt es bei diesem Spiel nicht, da das bewegliche Tor sich selbst vor Torschüssen schützen kann.

Material: 1 Ball, 2 Plastikstangen pro Team
Weitere Anforderungen: Ausdauer, Balltechnik, Reaktion, Schnelligkeit
Geeignet für: Klasse 1–4

46 von 77

Kaiserball **18**

Es werden zwei Teams gebildet. Jedes Team bestimmt einen Kaiser, der mittels eines Parteibandes gekennzeichnet wird. Gespielt wird auf einem Feld, dessen Größe variabel sein kann (das Feld kann mittels Hütchen oder Linien gekennzeichnet werden). Die Teams versuchen sich den Ball so zuzuspielen, dass dieser möglichst oft beim Kaiser landet. Erhält der Kaiser den Ball so gibt es einen Punkt für das Team.

Regeln: Mit dem Ball in der Hand darf nicht gelaufen werden, ansonsten dürfen sich die Spieler frei im Feld bewegen. Landet der Ball auf dem Boden, so erhält das gegnerische Team den Ball. Der Ball darf aus der Luft gefangen werden.

Material: 1 Parteiband pro Team, Hütchen als Markierungshilfe, 1 Ball

Weitere Anforderungen: Balltechnik, Kooperation, Reaktion

Geeignet für: Klasse 1–4

Spiele zum Gleiten, Fahren, Rollen auf dem Schulhof

In diesem Inhaltsbereich geht es schwerpunktmäßig darum, den Umgang mit dem Gleichgewicht, der Balance und dem Körperschwerpunkt zu finden. Dabei stellen sich zugleich besondere Anforderungen an das dynamische Gleichgewicht wie auch an die Bewegungssteuerung als solche. Wahrnehmungsfähigkeit und das Spiel mit Bewegungsideen werden hier besonders angesprochen. Das Gleiten, Fahren und Rollen wird hier als Wagnis und zugleich auch als verantwortungsbewusster Umgang mit dem entstehenden Risiko erlebt.
Alle Spielen stehen hier zumeist im Zusammenhang mit einer schnellen Fortbewegung und der Geschwindigkeit, die es für die Kinder zu erfahren gilt. Spielerisches Erproben und Erlernen bilden hier einen Schwerpunkt.
Alle Spiele in dieser Sammlung beziehen sich allerdings auf das Rollbrett, da dies an Schulen erfahrungsgemäß eher vorhanden ist als Roller und Fahrräder. Selbstverständlich lassen sich einige Spiele auch auf die anderen Fahrzeuge übertragen und können auch als Vorbereitung für die Verkehrserziehung benutzt werden.
Der Einsatz von Rollbrettern in der Grundschule stellt allerdings ein erhöhtes Risiko dar. Deshalb sollte vor dem Einsatz der Spiele zusammen mit den Kindern unbedingt der sichere Umgang mit dem Rollbrett besprochen und geübt werden.

Tipps zum sicheren Umgang mit dem Rollbrett

Hier einige Sicherheitshinweise für die Kinder, die vor der Benutzung des Rollbretts mit ihnen ausführlich besprochen werden sollten.

- **Halte dich immer seitlich am Rollbrett fest!**
- **Nie mit den Händen vor dem Rollbrett Schwung holen!**
- **Achte darauf, dass sich deine Hände nicht in der Nähe der Rollen befinden!**
- **Stecke dein T-Shirt in die Sporthose!**
- **Lege deinen Schmuck vorher ab!**
- **Achte auf den Gegenverkehr und gefährde deine Mitschüler nicht!**
- **Fahre nie im Stehen!**
- **Lange Haare müssen zusammengebunden werden!**

Mögliche Fahrpositionen mit dem Rollbrett:

- Im Langsitz, auf den Fersen sitzend 
- In Bauchlage 
- Im Schneidersitz 

Spiele zum Gleiten, Fahren, Rollen auf dem Schulhof

Schattenfahrer

1

Die Kinder finden sich zu Paaren zusammen. Die einzelnen Gruppen sollen sich frei auf dem Gelände bewegen, wobei der Vorfahrende Formen oder Stilelemente vorgibt, die der Nachfolgende imitieren muss.

Material: 1 Rollbrett pro Kind
Weitere Anforderungen: Koordination, Kraft, Orientierung
Geeignet für: Klasse 1–4

Wasserski

2

Die Kinder finden sich zu Paaren zusammen. Ein Kind sitzt auf dem Rollbrett und hält ein Seil in der Hand. Der Partner zieht nun mittels des Seils den Wasserskifahrer vorsichtig und rücksichtsvoll über den Schulhof.

Material:	1 Seil und 1 Rollbrett pro Paar
Weitere Anforderungen:	Kooperation, Koordination, Kraft
Geeignet für:	Klasse 1–4

Schlittenfahrt

3

Die Kinder finden sich zu Paaren zusammen. Ein Kind sitzt auf dem Rollbrett und hält ein Seil in der Hand. Der Partner zieht nun mittels des Seils den Schlittenfahrer vorsichtig und rücksichtsvoll über den Schulhof. Der Partner bindet sich das Seil wie ein Schlittenhund um den Bauch, sodass die gesamte Zugkraft in diesem Fall auf den Beinen lastet.

Material:	1 Seil und 1 Rollbrett pro Paar
Weitere Anforderungen:	Kooperation, Koordination, Kraft
Geeignet für:	Klasse 1–4

Ochs am Berg 4

Es wird ein Spielfeld mit Hütchen markiert (ca. 15 m lang). Am Ende des Feldes steht ein Kind ohne Rollbrett als Ochse mit dem Rücken zur Gruppe, die am anderen Ende des Feldes steht. Während er den Spruch ruft: „Eins, zwei, drei, vier Ochs am Berg.“, dürfen alle so weit wie möglich nach vorne fahren. Nachdem er den Spruch gesagt hat, dreht sich der Ochse zur Gruppe hin um.
Die Kinder, die sich dann noch in Bewegung befinden, müssen zur Ausgangslinie zurückfahren. Gewonnen hat das Kind, welches als erstes den Ochsen erreicht hat. Dann können die Rollen getauscht werden und der Gewinner wird zum neuen Ochsen.

Material: 1 Rollbrett pro Kind
Weitere Anforderungen: Koordination, Kraft
Geeignet für: Klasse 2–4

Jägerrollball 5

Es wird ein Spielfeld durch Hütchenmarkierungen gebildet (ca. 15m × 10m). In der Mitte des Feldes befinden sich die drei oder mehr Jäger, die jeweils einen Softball haben. Die Jäger dürfen sich nur auf der Längsseite des Feldes bewegen und versuchen die Rollbrettfahrer abzuwerfen. Alle anderen Kinder versuchen mit ihrem Rollbrett auf die andere Spielfeldseite zu gelangen. Die Rollbrettfahrer, die er getroffen hat legen ihr Rollbrett am Spielfeldrand ab und positionieren sich ebenfalls auf der Mittellinie. Sie sind nun die Helfer der Jäger. Kopftreffer zählen nicht!

Material: Hütchen als Markierung, mehrere Softbälle, jeweils 1 Rollbrett für die Gejagten
Weitere Anforderungen: Balltechnik, Kooperation, Koordination, Kraft, Orientierung, Reaktion
Geeignet für: Klasse 2–4

Formel Eins 6

Es werden vier Teams gebildet, die an ihrer Box (Hütchen) Aufstellung nehmen. Auf ein Startsignal hin fährt jeweils ein Kind des Teams eine festgelegte Runde und übergibt das Rollbrett dann an den nächsten Fahrer. Gewonnen hat das Team, bei dem als erstes alle Fahrer eine Runde gefahren sind.

Material: 4 Hütchen, 1 Rollbrett pro Team
Weitere Anforderungen: Ausdauer, Koordination, Kraft, Schnelligkeit
Geeignet für: Klasse 1–4

Umzingelung 7

Die Kinder bewegen sich frei fahrend. Auf Zuruf der Lehrkraft versuchen alle anderen Kinder das von der Lehrkraft aufgerufene Kind möglichst schnell zu umzingeln. Das aufgerufene Kind versucht einer Umzingelung möglichst lange zu entkommen.

Material: 1 Rollbrett pro Kind
Weitere Anforderungen: Koordination, Kraft, Orientierung, Reaktion, Schnelligkeit
Geeignet für: Klasse 1–4

Autofangen 8

Die Kinder bewegen sich frei fahrend. Ein Kind wird zum Fänger und erhält einen Softball und versucht die anderen Kinder abzutreffen. Wer abgetroffen wurde, muss zu einer Tankstelle (Hütchenmarkierung) fahren und sein Fahrzeug auftanken (5 Sekunden parken). Anschließend darf es wieder mitspielen. Kopftreffer zählen nicht!

Material: 1 Softball, 1 Rollbrett pro Kind, Hütchen
Weitere Anforderungen: Koordination, Kraft, Orientierung, Reaktion, Schnelligkeit
Geeignet für: Klasse 1–4

 55 von 77

Wechselt die Seiten 9

Die Kinder stehen sich in zwei Hälften geteilt an zwei eingezeichneten Linien gegenüber. Auf ein Signal der Lehrkraft hin, wechseln die Kinder mit ihren Rollbrettern schnellstmöglich die Seiten. Die Mannschaft, die als letzte komplett die Seite erreicht hat, erhält einen Minuspunkt. Welche Mannschaft schafft die wenigsten Minuspunkte?

Material: 1 Rollbrett pro KInd
Weitere Anforderungen: Ausdauer, Koordination, Kraft, Schnelligkeit
Geeignet für: Klasse 1–4

 56 von 77

Stop and go

10

Die Kinder bewegen sich frei mit ihren Rollbrettern. Auf ein akustisches oder optisches Signal (Pfiff oder Handhebung) der Lehrkraft, müssen sie bewegungslos sofort stehen bleiben. Auf ein erneutes Signal hin, geht die Fahrt weiter.

Material: 1 Rollbrett pro Kind
Weitere Anforderungen: Koordination, Kraft, Orientierung, Reaktion
Geeignet für: Klasse 1–4

10er Ball

11

Die Klasse wird in zwei Mannschaften geteilt. In jedem Team gibt es sowohl Kinder mit als auch ohne Rollbrett (Rollen können nach kurzer Zeit getauscht werden). Die Kinder bewegen sich frei und versuchen sich im Team 10-mal ohne Unterbrechung einen Ball zu zuspielen. Haben sie dies geschafft, erhält die Mannschaft einen Punkt. Gewonnen hat die Mannschaft mit den meisten Punkten. Der Ball darf der gegnerischen Mannschaft nur abgenommen werden, indem er aus der Luft gefangen oder vom Boden genommen wurde. Körperkontakt ist nicht erlaubt.

Material: Rollbretter für jeweils einen Teil jeder Mannschaft, 1 Ball
Weitere Anforderungen: Balltechnik, Kooperation, Koordination, Kraft, Orientierung, Reaktion
Geeignet für: Klasse 2–4

Atomspiel **12**

Die Kinder bewegen sich frei mit ihren Rollbrettern auf dem Schulhof. Auf ein akustisches Signal hin finden sich immer schnellstmöglich so viele Kinder zusammen wie die Lehrkraft anzeigt. Anschließend geht die Fahrt weiter.

Material: 1 Rollbrett pro Kind
Weitere Anforderungen: Koordination, Kraft, Orientierungsfähigkeit, Reaktion
Geeignet für: Klasse 1–4

Heißer Ball **13**

Jedes Kind erhält von der Lehrkraft eine Zahl. Anschließend fahren alle Kinder durcheinander. Das Kind mit der Nummer 1 erhält einen Ball und muss ihn schnellstmöglich an die Nummer 2 usw. weitergeben. Der Lehrer nennt die Zahl des Spielers, an den der Ball weitergegeben werden soll.

Material: 1 Rollbrett pro Kind, 1 Ball
Weitere Anforderungen: Koordination, Kraft, Orientierung, Reaktion, Schnelligkeit
Geeignet für: Klasse 1–4

Bremstest **14**

Mit Hütchen werden eine Beschleunigungsstrecke, ein Bremspunkt und ein Auslaufraum vorgegeben und markiert. Immer drei bis vier Kinder (je nach Klassenstärke) bilden ein Team. Das Team startet gleichzeitig mit ausreichendem Abstand nebeneinander. Das Kind mit dem kürzesten Bremsweg gewinnt die Runde.

Material: Hütchen zur Markierung, 1 Rollbrett pro Kind
Weitere Anforderungen: Koordination, Orientierung, Reaktion
Geeignet für: Klasse 1–4

Polizist **15**

Aus vier Hütchen wird ein quadratisches Spielfeld gebildet (Größe ca. 15×15m).
Die Klasse wird in vier Teams eingeteilt, die jeweils an einem Hütchen Aufstellung nehmen. In der Mitte des Feldes steht ein Polizist und regelt den Verkehr. Er zeigt mit ausgestreckten Armen, welche Teams die Positionen wechseln. Dabei soll es zu keinen Zusammenstößen kommen. Die Teams sollen dabei beim Seitenwechsel durch das Feld fahren.

Material: 4 Hütchen, 1 Rollbrett pro Kind
Weitere Anforderungen: Koordination, Kraft, Orientierung, Reaktion
Geeignet für: Klasse 1–4

Wilde Fahrt 16

Die Kinder gehen paarweise zusammen. Ein Kind zeichnet mit Kreide eine Strecke auf den Boden. Der Partner hat die Aufgabe, die Strecke dann sicher mit dem Rollbrett nachzufahren. Anschließend werden die Rollen getauscht.

Material:	1 Rollbrett und 1 Kreide pro Paar
Weitere Anforderungen:	Koordination, Orientierung, Reaktion
Geeignet für:	Klasse 1–4

Geländespiele

Unter den Geländespielen wird hier eine Kategorie von Spielen zusammengefasst, die außerhalb vom Schulgebäude, also auf dem Schulhof oder Sportplatz, stattfinden und zum Teil bewusst die räumlichen Gegebenheiten mit ins Spiel einbeziehen.

Der Übergang zwischen den einzelnen Sportarten ist hier allerdings fließend, da sich die Spiele oft mehreren Inhaltsbereichen zuordnen lassen.

Die hier ausgewählten Geländespiele besitzen unterschiedliche Zielsetzungen. In einigen Spielen müssen verschiedene Markierungen erreicht werden, in anderen hingegen müssen sich die gegnerischen Parteien suchen oder Gegenstände voreinander verstecken oder ergattern oder sich vor der gegnerischen Partei in Sicherheit bringen oder diese fangen.

Geländespiele

Gefängnis

1

Mit Hütchen wird ein großes Spielfeld markiert, welches das Gefängnis bildet. In der Mitte des Spielfeldes (des Gefängnisses) steht ein Hütchen.
Weiterhin werden zwei Teams gebildet, die Wärter und die Gefangenen. Alle Kinder befinden sich zu Beginn des Spieles im Gefängnis. Auf Kommando der Lehrkraft hin versuchen die Gefangenen aus dem Gefängnis auszubrechen (aus dem Feld zu laufen). Wer gefangen wird muss zurück ins Gefängnis. Die Gefangenen können von „ausgebrochenen Kindern" befreit werden, indem diese ins Gefängnis eindringen und das Hütchen umwerfen, dann dürfen alle Gefangenen aus dem Gefängnis rennen (ohne dass die Wärter die Fliehenden fangen dürfen), bis ein Wärter das Hütchen wieder aufgestellt hat.
Nach Ablauf einer vorher festgelegten Zeit werden die Gefangenen im Gefängnis gezählt und anschließend werden die Rollen getauscht. Welche Mannschaft hatte nach abgelaufener Spielzeit die meisten Gefangenen im Gefängnis?

Material:	5 Hütchen, Bändchen für die Wärter
Weitere Anforderungen:	Kooperation, Reaktion, Schnelligkeit
Geeignet für:	Klasse 2–4

Geheime Jagd

2

Es werden alle Namen der Kinder auf Zettel geschrieben, anschließend zieht jedes Kind einen Zettel. Das gezogene Kind ist das Kind, welches man nun fangen muss. Sollte ein Kind sich selbst gezogen haben, so muss es seinen Zettel wieder gegen einen neuen austauschen.
Nachdem alle Kinder sich im Gelände verteilt haben, gibt die Lehrkraft das Signal zur Jagd. Wer schafft es seine Beute aufzuspüren, bevor er selbst gefangen wurde?
Je größer das Gelände zur Jagd ist, desto länger dauert das Spiel.

Material: Stifte, kleine Zettel
Weitere Anforderungen: Ausdauer, Orientierung, Schnelligkeit
Geeignet für: Klasse 2–4

Tickende Zeitbombe

3

Es werden zwei Teams gebildet. Ein Team hat die Aufgabe, die Zeitbombe (einen Wecker) zu zünden und das andere, diese zu finden und zu entschärfen, bevor sie hochgeht. Zu Beginn des Spiels wird ein Zeitrahmen festgelegt (ca. 10–15 Minuten, je nach Gruppen- und Geländegröße). In dieser Zeit muss das erste Team den Wecker verstecken und das Sucherteam ablenken. Die Sucher haben gewonnen, wenn sie den Wecker vor Ablauf der festgelegten Zeit aufgespürt haben. Ist das nicht der Fall, geht der Punkt an die Verstecker. Anschließend können die Rollen getauscht werden.

Variation: Es können mehrere Wecker gleichzeitig versteckt werden.

Material: 1 Wecker
Weitere Anforderungen: Ausdauer, Kooperation, Orientierung, Schnelligkeit
Geeignet für: Klasse 1–4

Schatzklau 4

Es werden zwei Teams gebildet, die gegenüber voneinander Aufstellung nehmen (dabei kann der Abstand variabel sein, 20 m oder mehr). In die Mitte der beiden Mannschaften werden die Schätze verteilt (z. B. Steine oder Stöcker, was in der Umgebung zu finden ist), dabei sollte die Anzahl der Steine bzw. der Gegenstände größer sein als die Anzahl der Mitglieder der Gruppen.
Auf ein Zeichen der Lehrkraft hin laufen die Teams zur Mitte und versuchen, möglichst viele Gegenstände auf ihre Seite zu bringen. Dabei darf jedes Mitglied immer nur einen Gegenstand pro Lauf mitnehmen. Sieger ist das Team mit den meisten Schätzen. Hat ein Kind einen Gegenstand in der Hand, darf ihm ein anderes Kind diesen nicht mehr abnehmen.

Material: Gegenstände aus der Natur
Weitere Anforderungen: Ausdauer, Schnelligkeit
Geeignet für: Klasse 1–4

Fahnenjagd 5

Die Klasse wird in vier gleich große Teams unterteilt. Jedes Team erhält eine Fahne und hat die Aufgabe diese gut auf dem Gelände zu verstecken. Die Fahne darf allerdings nicht bewacht werden. Welches Team hat zuerst die Fahnen der anderen erobert?

Variation: Welches Team hat die meisten Fahnen erobert?

Material: 4 Fahnen
Weitere Anforderungen: Ausdauer, Orientierung, Schnelligkeit
Geeignet für: Klasse 1–4

Capture the flag

6

Zwei Mannschaften stehen sich in zwei Spielfeldern (ca. Volleyballfeldgröße) gegenüber. Am jeweils äußeren Ende der eigenen Hälfte liegt ein Gymnastikreifen mit einem Parteiband. Auf Anpfiff der Lehrperson versuchen die Mannschaftsmitglieder in die jeweils gegnerische Spielfeldhälfte zu gelangen und das Parteiband der anderen Mannschaft zu stehlen. Dabei können sie jedoch von jedem Mitglied der anderen Mannschaft gefangen werden. Wer gefangen wurde, muss in das Gefängnis (kleines Viereck mittels Hütchen markiert), welches sich in einer Ecke des Feldes der gegnerischen Mannschaft befindet. Man kann jedoch von den Mitgliedern der eigenen Mannschaft befreit werden, indem diese zum Angetickten in das Gefängnis gelangen, sichtbar den Arm heben und ohne gefangen werden zu dürfen das eigene Mannschaftsmitglied durch Handfassung ins eigene Feld zurückbringen.
Wurde jedoch das gegnerische Parteiband ergattert, muss es, ohne dabei selbst gefangen zu werden, schnellst möglich in die eigene Spielfeldhälfte gebracht werden.

Variation: Man spielt auf Zeit und Punkte.

Material: Hütchen, 2 Gymnastikreifen, 2 Parteibänder
Weitere Anforderungen: Ausdauer, Kooperation, Orientierung, Reaktion, Schnelligkeit
Geeignet für: Klasse 2–4

Bänder sammeln

7

Es werden mehrere Teams gebildet (die Größe variiert nach Klassenstärke). Die Teams haben die Aufgabe, eine bestimmte Anzahl farbiger Bänder (Wolle, Bindfäden oder Krepppapierbänder) nach Anweisungen an unterschiedlichen Orten auf dem Schulhof zu verstecken. Jedes Team benutzt eine andere Farbe. Z. B. versteckt das Team 1 alle blauen Bänder, das Team zwei rote usw. Sind alle Teams fertig, treffen sie sich wieder am Ausgangspunkt. Auf Kommando der Lehrkraft hin müssen nun die Bänder von einer anderen Gruppe wieder eingesammelt werden, z. B. sammelt das Team 1 die roten Bänder von Team 2 usw. Welches Team hat als erstes alle Bänder eingesammelt?

Material: Farbbänder für jedes Team
Weitere Anforderungen: Ausdauer, Kooperation, Orientierung, Schnelligkeit
Geeignet für: Klasse 1–4

Biathlon

8

Es werden vier Teams gebildet. Auf dem Sportplatz oder Schulhof wird ein Feld mit 4 Hütchen markiert (die Größe ist dabei individuell zu gestalten, je nach Stärke der Gruppe oder Größe des Ortes). Innerhalb des Feldes wird mittig ein kleines Feld mit 4 weiteren Hütchen markiert, das später die sogenannte „Strafrunde“ bilden wird. Jedes Team nimmt an einem der Hütchen Aufstellung. An den Hütchen befinden sich außerdem drei kleine Bälle oder Sandsäckchen und ein Eimer, der im Abstand von ca. 5 m (der Abstand kann auch größer oder kleiner sein) ebenfalls dort aufgestellt wird. Auf Kommando der Lehrkraft rennt das erste Teammitglied eine große Runde um alle 4 Hütchen und versucht im Anschluss daran die 3 Bälle im Eimer zu versenken. Pro Fehlversuch muss im Anschluss an das Werfen eine kleine Strafrunde gerannt werden. Anschließend ist das nächste Teammitglied an der Reihe. Welches Team ist als schnellstes fertig?

Bemerkung: Die Bälle müssen nach den Würfen jedes Teammitgliedes immer wieder vom Werfer an das Aufstellungshütchen zurückgelegt werden.

Material: 8 Hütchen als Markierungshilfe, 12 Bälle, 4 Eimer
Weitere Anforderungen: Ausdauer, Balltechnik, Kooperation, Schnelligkeit
Geeignet für: Klasse 2–4

Orientierungsläufe/Parcoursläufe

Bei den hier vorgestellten Orientierungsläufen und Parcoursläufen handelt es sich um solche Spiele, die auf jedem Schulhof oder Sportgelände schnell und einfach durchgeführt werden können. Gegebenenfalls müssen einige Details in den Aufgaben verändert werden und an die vorherrschenden örtlichen Gegebenheiten angepasst werden.
Mit Orientierungsläufen wird zugleich auch ein ausdauerndes Laufen angestrebt, welches durch die Verbindung von unterschiedlichen Aufgaben wie z. B. dem Suchen von Orten oder Gegenständen und dem Lösen von Aufgaben aufgelockert wird.
Da die Kinder im Grundschulbereich noch sehr jung sind, sollten einfache und interessante Aufgaben gestellt werden. Je kleiner die Gruppengröße gewählt wird, desto intensiver ist die Beteiligung der einzelnen Gruppenmitglieder an dem Spiel.
Wichtig ist, dass die Kinder in der Lage sind, einfache Aufgaben auf einer Karte zu lesen und zu verstehen.
Einige Spiele bedürfen eines etwas größeren Vorbereitungs- und Durchführungsaufwandes und sollten deshalb in einer Sportdoppelstunde gespielt werden (Foto-Karten-Orientierungslauf). Alle anderen Spiele sind so geplant, dass sie ohne großen Zeitaufwand durchzuführen sind.

Tipps zur Durchführung:
Die Stationen müssen vor Beginn des Spieles durch die Lehrkraft vorbereitet werden (Verteilen der Karten, Bereithaltung von Gegenständen, die zur Bewältigung von Aufgaben benötigt werden, etc.).
Die Klasse sollte in Teams eingeteilt werden, jedoch ist zu beachten, dass nicht unbedingt mehr als 5 Kinder in einer Gruppe sind. Zur Unterscheidung der einzelnen Gruppen können Parteibänder verteilt werden. Wichtig ist, dass sich die Gruppe bei der Lösung der Aufgaben niemals trennen darf und die Gruppe erst den nächsten Auftrag erhält, wenn die vorherige Aufgabe erfüllt wurde.

Orientierungsläufe/Parcoursläufe

Die Post ist da

1

Es werden zwei Teams gebildet (die Anzahl variiert nach Klassenstärke). Auf dem Gelände werden 12 Hütchen verteilt. An jedem Hütchen befindet sich eine Zahlenkarte. Irgendwo auf dem Spielfeld befinden sich vier Gymnastikreifen mit insgesamt 24 Bierdeckeln, diese sind mit den Zahlen von 1–12 beschriftet (Zahlen liegen also in zweifacher Ausfertigung vor, für jedes Team ein Zahlensatz). Auf Kommando der Lehrkraft startet jeweils ein Kind aus jedem Team und bringt eine Zahl zum passenden Haus (Hütchen mit der richtigen Zahlenkarte). Danach ist das nächste Kind des Teams an der Reihe. Gewonnen hat das Team, welches als erstes alle Zahlen den Hütchen zugeordnet hat.

Bemerkung: Je größer das Spielfeld, desto länger die Laufwege, desto anstrengender wird es.

Material:	12 Markierungshütchen, 2 × 12 Bierdeckel mit den Zahlen von 1–12, 12 Zahlenkarten mit den Ziffern von 1–12, 4 Gymnastikreifen
Weitere Anforderungen:	Ausdauer, Orientierung, Schnelligkeit
Klasse:	1–4

Pyramidenlauf

2

Im Gelände wird ein Lauffeld mit Hütchen markiert (die Größe des Lauffeldes liegt im eigenen Ermessen oder richtet sich nach dem Könnensstand der Kinder). Es werden zwei Teams gebildet. Jedes Team erhält einen Stift und ein Arbeitsblatt (siehe Seite 60). Die Aufgabe ist es die Pyramide Stein für Stein abzulaufen. Die Zahl auf dem Stein entspricht der Anzahl der abzulaufenden Strecken. Dabei dürfen sich die Kinder untereinander einigen, wer wie oft läuft und welchen Stein er ablaufen möchte. Nach dem jeweiligen Lauf wird der entsprechende Stein durchgestrichen. Sieger ist das Team, welches als erstes seine Pyramide abgebaut hat.

Material:	Hütchen zur Markierung der Laufstrecke, 2 Stifte, zwei Arbeitsblätter siehe Anhang
Weitere Anforderungen:	Ausdauer
Geeignet für:	Klasse 1–4

Mensch ärgere dich nicht

3

Es werden vier Teams gebildet, die eine Spielfarbe des Mensch-Ärgere-Dich-Nicht-Spiels erhalten.
Der zu laufende Weg wird mit Hütchen markiert (quadratisches Feld, dessen Größe sich nach dem Könnensstand der Kinder richtet). Das Spielbrett wird in die Mitte des markierten Feldes gestellt, sodass jedes Team die gleiche Entfernung zum Spielbrett hat. Die Teams nehmen jeweils an einem Hütchen Aufstellung.
Jedes Kind eines Teams würfelt und läuft anschließend, die von ihm erwürfelte Rundenzahl, danach bewegt er sein Spielpüppchen auf dem Spielfeld der Rundenzahl entsprechend vorwärts. Dann ist das nächste Kind an der Reihe. Gespielt wird bis die erste Spielfigur eines Teams im Ziel ist.

Material:	4 Hütchen, 1 original Spielbrett Mensch-Ärgere-Dich-Nicht, 4 Würfel, 4 Spielfiguren
Weitere Anforderungen:	Ausdauer
Geeignet für:	Klasse 1–4

Fotolauf

4

Es werden zwei oder mehrere Teams gebildet (je nach Klassenstärke). Jedes Team erhält einen Stift und ein Arbeitsblatt (siehe Anhang S. 62), welches am Ausgangspunkt abgelegt wird.
Auf dem Schulgelände befindet sich an 10 verschiedenen Orten (Posten) jeweils 1 Buchstabenkärtchen (siehe Anhang S. 61). An dem Ausgangspunkt des „Foto-Orientierungslaufes", liegen 10 (von 1–10 durchnummerierte) Fotos umgedreht ausgebreitet. Auf den Fotos ist jeweils der Posten abgebildet, an dem sich ein Buchstabenkärtchen befindet (z. B: die Tischtennisplatte, das Schultor, die Pausenhalle, die Eingangstür, die Turnhalle, etc., die Fotos oder auch Zeichnungen müssten allerdings von der Lehrkraft vorbereitet werden).
Die Gruppen haben die Aufgabe, ein Foto am Ausgangspunkt aufzudecken, es wieder umgedreht abzulegen und anschließend zu dem abgebildeten Posten zu laufen.
Der dort ermittelte Buchstabe auf dem Kärtchen soll gemerkt werden und nach dem Rücklauf zum Ausgangspunkt im der Postenzahl entsprechenden Kästchen eingetragen werden. Nun kann ein neues Foto betrachtet werden. Sind alle Buchstaben ermittelt, schreibt die Gruppe das gesuchte Wort oder den gesuchten Lösungssatz auf das Arbeitsblatt.
Gewonnen hat das Team, welches am schnellsten fertig ist und die richtige Lösung ermittelt hat.

Bemerkung: Je jünger die Lerngruppe ist, desto kürzer sollte das Lösungswort, bzw. der gesuchte Satz sein. Je größer der Laufweg zwischen den einzelnen Posten gewählt wird, desto größer ist die zu erbringende Ausdauerleistung.

Material: Stift, Fotos der Posten, Arbeitsblatt (siehe Anhang S. 62), Buchstabenkärtchen (siehe Anhang S. 61)
Weitere Anforderungen: Ausdauer, Kooperation, Orientierung, Schnelligkeit
Geeignet für: Klasse 2–4

Kartenlauf

5

Es werden zwei oder mehrere Teams gebildet (je nach Klassenstärke). Jedes Team erhält einen Stift und ein Arbeitsblatt (siehe unten), welches am Ausgangspunkt abgelegt wird.
Auf dem Schulgelände befindet sich an 10 verschiedenen Orten jeweils 1 Buchstabenkärtchen (Posten). Am Ausgangspunkt liegen 10 (von 1–10 durchnummeriert) Kartenpläne umgedreht ausgebreitet. Auf den Plänen ist zum Beispiel das Schulgelände oder der Sportplatz in vereinfachter Form aus der Vogelperspektive abgebildet. Ein farbiger Punkt markiert jeweils den Ort, an dem sich der zu suchende Posten mit dem jeweiligen Buchstabenkärtchen befindet.
Die Gruppen haben die Aufgabe, einen Plan in der „Zentrale" aufzudecken, sich die Lage des markierten Postens einzuprägen, ihn wieder umgedreht abzulegen und anschließend zu dem abgebildeten Posten zu laufen. Es ist immer nur ein Läufer je Gruppe unterwegs.
Der dort ermittelte Buchstabe auf dem Kärtchen soll gemerkt werden und nach dem Rücklauf zur „Zentrale" im – der Postenzahl entsprechenden – Kästchen eingetragen werden. Nun kann vom nächsten Kind ein neuer Plan umgedreht werden. Sind alle Buchstaben ermittelt, schreiben die Kinder das gesuchte Lösungswort auf das Arbeitsblatt.
Gewonnen hat das Team, welches am schnellsten fertig ist und die richtige Lösung ermittelt hat.

Material: 10 Kartenpläne, leeres Blatt mit Kästchen in der Anzahl der Buchstaben des Lösungswortes
Weitere Anforderungen: Ausdauer, Kooperation, Orientierung, Schnelligkeit
Geeignet für: Klasse 3–4

Teamgeist

6

Es werden vier oder mehrere Teams gebildet (je nach Klassenstärke). Auf dem Sportplatz oder Schulhof werden Stationen aufgebaut. Jedes Team muss den Parcours durchlaufen und dabei verschiedene Aufgaben bewältigen. Die Ergebnisse der einzelnen Aufgaben werden dann auf einem Arbeitsblatt festgehalten und anschließend von der Lehrkraft ausgewertet.

Auf Kommando der Lehrkraft erhält jede Gruppe eine Aufgabenkarte und einen Stift und macht sich auf den Weg zu ihren Stationen. Wichtig dabei ist, dass die Gruppe während des ganzen Laufes immer zusammen bleibt.

Beispiele für solche Aufgaben finden sich im Anhang auf den Seiten 64. Natürlich können die Aufgaben auch individuell gestaltet werden oder auf den Schulhof übertragen werden. Die hier erwähnten Aufgaben beziehen sich allerdings auf den Sportplatz.

Bemerkung: Alle zu erlaufenden Stationen sollten auf dem Sportplatz oder auf dem Schulgelände sein, da sonst die Aufsicht der Gruppe nicht mehr gegeben ist.

Material: siehe Anhang S. 64
Weitere Anforderungen: Ausdauer, Kooperation, Schnelligkeit
Geeignet für: Klasse 3–4

Material Pyramidenlauf

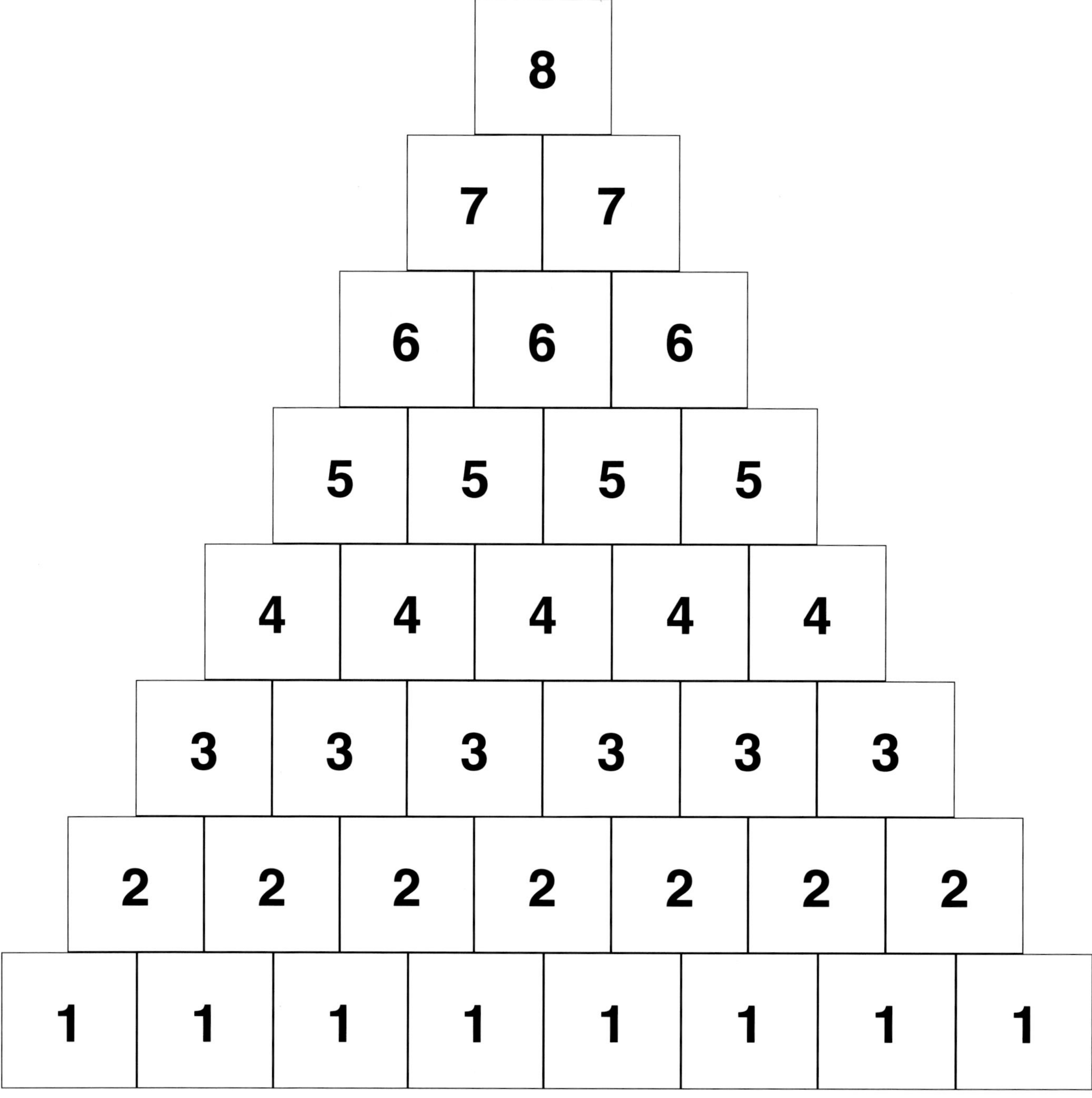

Material Fotolauf (Buchstabenkärtchen)

1 S	2 P
3 O	4 R
5 T	6 P
7 L	8 A
9 T	10 Z

Material Fotolauf (Lösungsblatt)

1. Ort: ______________________________ Buchstabe: __________

2. Ort: ______________________________ Buchstabe: __________

3. Ort: ______________________________ Buchstabe: __________

4. Ort: ______________________________ Buchstabe: __________

5. Ort: ______________________________ Buchstabe: __________

6. Ort: ______________________________ Buchstabe: __________

7. Ort: ______________________________ Buchstabe: __________

8. Ort: ______________________________ Buchstabe: __________

9. Ort: ______________________________ Buchstabe: __________

10. Ort: ______________________________ Buchstabe: __________

Lösungswort: ____

Material Kartenlauf (Buchstabenkärtchen)

S	P	O
R	T	S
C	H	U
H		

Material Spiel Teamgeist

Beispiele für Teamaufgaben

Gruppe 1

Lauft ...

1. **zum Fußballtor auf dem Sportplatz** und messt mit dem dort liegenden Messband den Abstand der beiden Pfosten zueinander aus.

   Das Ergebnis bitte hier eintragen: ____________________

2. zur Gittertor-Einfahrt, die zum Sportplatz führt, und zählt die Eisensprossen des Schiebetores.

   Ergebnis: ____________________

3. anschließend eine **komplette Runde auf dem Sportplatz**.

4. Wenn ihr alle 3 Aufgaben gelöst habt, kommt gemeinsam zum Ausgangspunkt zurück und gebt die Laufkarte wieder ab. Hier bekommt ihr dann die nächste Karte.

Material Spiel Teamgeist

Beispiele für Teamaufgaben

Gruppe 2

Lauft ...

1. **zur Weitsprunggrube** und messt mit dem Maßband die Breite der Grube.

   Das Ergebnis bitte hier eintragen: ____________________

2. **zur Bank** und beantwortet die Frage, die unter der Steinplatte klebt.

   Bitte nur die Frage, die für eure Gruppe vorbereitet wurde, beantworten.

   Ergebnis: ____________________

3. anschließend eine **komplette Runde auf dem Sportplatz**.

4. Wenn ihr alle 3 Aufgaben gelöst habt, kommt gemeinsam zum Ausgangspunkt zurück und gebt die Laufkarte wieder ab. Hier bekommt ihr dann die nächste Karte.

Material Spiel Teamgeist

Beispiele für Teamaufgaben

Gruppe 3

Lauft ...

1. **über den Sportplatz**. Wie viele Mülleimer stehen hier?

   Ergebnis: ____________________

2. **zur Tischtennisplatte** und beantwortet die Frage, die unter der Steinplatte klebt.

   Bitte nur die Frage, die für eure Gruppe vorbereitet wurde, beantworten.

   Ergebnis: ____________________

3. anschließend eine **komplette Runde auf dem Sportplatz**.

4. Wenn ihr alle 3 Aufgaben gelöst habt, kommt gemeinsam zum Ausgangspunkt zurück und gebt die Laufkarte wieder ab. Hier bekommt ihr dann die nächste Karte.

Material Spiel Teamgeist

Beispiele für Teamaufgaben

Gruppe 4

Lauft ...

1. **zur Turnhalle**. Wie viele Fenster hat sie?

   Ergebnis: ____________________

2. **zur Kugelstoßanlage**. Messt den Durchmesser der Anlage mit dem Maßband.

   Ergebnis: ____________________

3. anschließend eine **komplette Runde auf dem Sportplatz**.

4. Wenn ihr alle 3 Aufgaben gelöst habt, kommt gemeinsam zum Ausgangspunkt zurück und gebt die Laufkarte wieder ab. Hier bekommt ihr dann die nächste Karte.